das
tapas
Kochbuch

das
tapas
Kochbuch

Eine Einführung

in die spanische Tapas Küche

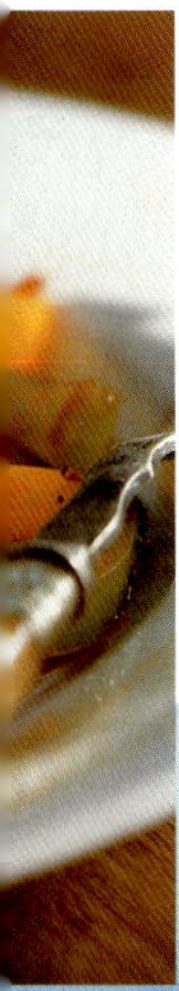

Adrian Linssen & Sara Cleary

cook book

Die Originalausgabe erschien 1999 in Großbritannien unter dem Titel
»The Tapas Cookbook« bei Quintet Publishing Limited / Apple Press
6 Blundell Street, London, N7 9BH.

© 1999 Quintet Publishing Limited

Deutschsprachige Ausgabe:
© 2000 Gräfe und Unzer Verlag GmbH, München

Übersetzung aus dem Englischen: Andreas Furtmayr und
Astrid Hinderberger
Projektleitung: Marc Strittmatter
Gesamtherstellerische Betreuung: Verlagsservice Rau
Umschlaggestaltung: Grafikhaus München
Umschlagfoto: Stockfood, München
Rezeptfotos: Tim Ferguson Hill, Travel Ink (S. 7, 8),
Life File (S. 6, 7, 8, 9)

ISBN 3-7742-5532-6

Printed in Singapore

Anmerkungen:
Der Backofen wird am besten immer vorgeheizt.
Die Temperaturangaben von Gasherden variieren von
Hersteller zu Hersteller. Welche Stufe Ihres Herdes
der jeweils angegebenen Temperatur entspricht,
entnehmen Sie bitte der Gebrauchsanweisung.
Auch bei Elektroherden können die Backzeiten je
nach Herd variieren.

Manche Rezepte in diesem Buch enthalten rohe Eier.
Wegen der Gefahr einer Salmonelleninfektion sind diese
Gerichte nur bedingt für Kinder, Kranke, Schwangere
und ältere Menschen geeignet.

Inhalt

Vorwort

Hotelbar
in Colmenar,
Andalusien

Marktstand mit
Orangen in Javea,
Alicante

Spanische Tapas – diese kleinen Köstlichkeiten mit dem Geschmack der Geschichte und dem Aroma der modernen Zeit sind eine wahre Gaumenfreude.

Der Legende nach war das erste Tapa eine Scheibe luftgetrockneten Schinkens, die auf ein Glas Sherry gelegt wurde damit keine Fliegen hineinfallen. Im Spanischen heißt Tapa auch eigentlich »Deckel«. Dieser Schinken war so beliebt, dass er die Tradition der spanischen Tapas einläutete. Heutzutage wird Serranoschinken neben unzähligen Spezialitäten aus dem ganzen Land angeboten, man findet frischen Tintenfisch und gesalzene Mandeln neben gedünsteten Oliven und Ziegenkäse. Diese Fülle von Düften, Aromen und Farben lädt dazu ein, auch ungewöhnliche Kombinationen auszuprobieren – ein wahrer Genuss für jeden Gourmet!

Tapas-Bars gibt es in jedem spanischen Ort, ob in abgelegenen, verschlafenen Gebirgsdörfern oder in den hektischen, überfüllten Großstädten. Zweimal täglich versammelt sich die spanische Bevölkerung in der örtlichen Tapas-Bar, um ein Glas

kühlen Sherry oder Weißwein zu trinken, Freunde zu treffen und – na klar – Tapas zu essen.

Entlang der Theke ist eine Auswahl verschiedener Käsesorten, Garnelen, Jakobsmuscheln, Knoblauch, Hühnchen, Omelette und Salate aufgereiht. Getrocknete Schinken hängen von der Decke und an der Wand stapeln sich verstaubte Weinflaschen. Würzige Gerichte wie Pilze mit Knoblauch, frittierter Tintenfisch oder Ziegenkäse in einer Marinade aus Estragon und Knoblauch, als media ración oder Appetithappen serviert, wecken den Geschmackssinn und die Lust auf mehr. Um keine Missverständnisse aufkommen zu lassen: Es gibt keine Vorschriften, wie groß eine Tapas-Portion ist, welche Zutaten verwendet werden oder in

Fischer in Nerja, Andalusien

Speisekarte einer Tapas–Bar, Madrid

welcher Reihenfolge sie gegessen werden. Sie eignen sich hervorragend als ración – genug für eine Gruppe als kleiner Snack zum Wein, oder auch als Hauptgericht für einen einzelnen hungrigen Barbesucher.

Beeindrucken Sie Ihre Gäste bei der nächsten Grillparty mit Gerichten, die Tapas-Flair ausstrahlen: marinierte Lammkoteletts und würzige Maurische Spieße mit Knoblauchkartoffeln und Tomatensalat mit Oliven. Raffinierte Seeteufelspießchen oder Shrimps im Speckmantel mit Sauerrahm bringen den Geschmack des Meeres auf den Tisch. Und zu besonderen Anlässen gibt es eine scharfe Austern-Bloody Mary.

Natürlich können auch Vegetarier Tapas genießen. Etliche Hauptgerichte und Beilagen benötigen kein Fleisch und schme-

Gekachelte Hausfassade in der Provinz Alicante

Außenmauer einer Moschee in Cordoba, Andalusien

cken herrlich, so auch die Klassiker wie Röstkartoffeln in süß-scharfer Sauce, dreierlei Paprika mit Tomaten und Knoblauch, grüne Bohnen und das spanische Nationalgericht, das Omelette oder Tortilla.

Die exotischeren und komplizierteren Tapas passen hervorragend zu feierlichen Anlässen. Hummerspieße, Hühnerleber in Sherry-Essig und spanische Tintenfisch- oder Hühnerpasteten – Empanadas – bilden eine zauberhaft exotische Mahlzeit. Der Duft, der sich beim Aufschneiden einer Empanada verbreitet, zaubert auf das Gesicht eines jeden Gastes ein erwartungsvolles Lächeln.

Tapas lassen sich in Schälchen oder auf Spießen, mit oder ohne Sauce servieren. Sie können groß oder klein, warm oder kalt, aufwändig oder einfach sein. Diese Gerichte reichen von Gemüse über Ei und Käse, Fisch und Meeresfrüchte bis hin zu

Torbogen und Kopfsteinpflaster in Frigliana, Andalusien

frischem oder getrocknetem Fleisch. Die Rezepte sind leicht nachzukochen und es findet sich für jeden Geschmack und jede Gelegenheit das Richtige. Da bleibt nur noch die Qual der Wahl!

Hinweis: Ist keine bestimmte Ölsorte angegeben, so kann ein beliebiges Pflanzenöl verwendet werden. Sämtliche Rezepte sind, soweit nicht anders angegeben, für vier Personen berechnet. Dieses Buch kann nur einen kleinen Überblick über Tapas bieten, die Variationen sind unzählig.

Fisch / Meeresfrüchte

Marisco

Jakobsmuscheln mit Limonen und Krebsfleisch

Vieiras con Cangrejo y Lima

12 kleine bis mittlere, oder 6
große Jakobsmuscheln
(letztere horizontal
durchschneiden)
Saft von 4 Limonen
Saft von 2 Orangen
1½ EL Weinbrand
1 kleines Stück Ingwer,
fein gehackt
Salz und frisch gemahlener
schwarzer Pfeffer
Weißes Krebsfleisch
zum Garnieren

Zubereitung

Um die Muscheln zu öffnen, legt man sie auf eine rutschfeste Unterlage und durchtrennt mit einem scharfen Messer den Muskel, der die Muschel verschließt.

Die Muscheln auslösen, abspülen, in den gesäuberten Schalen auf einer Platte anrichten und im Kühlschrank aufbewahren.

Limonensaft, Orangensaft, Weinbrand und Ingwer verrühren und über die Jakobsmuscheln verteilen. 4 bis 6 Stunden marinieren lassen. Die Muscheln werden undurchsichtig und fest wenn sie fertig sind.

Das Krebsfleisch leicht würzen, über die Muscheln streuen und gut gekühlt servieren.

Jakobsmuscheln in Tomatensauce

Vieiras en Salsa Tomate

12 kleine oder 6 große
Jakobsmuscheln
55 g Butter
155 ml trockener Weißwein
100 g geriebener Parmesan
Zitronenstücke
zum Servieren

Für die Sauce
3 EL Butter
1 gehäufter EL Mehl
570 ml warme Milch
½ EL Tomatenmark
1 TL zerdrückter Knoblauch
1 TL Zucker
2 große Tomaten, gehäutet
und kleingeschnitten
1 EL Creme double
55 g geriebener Parmesan
½ TL frisch gemahlener
schwarzer Pfeffer

Für das Kartoffelpüree
900 g Kartoffeln
Salz
85 g Butter
2 Eidotter
2 EL warme Sahne
Salz und frisch gemahlener
schwarzer Pfeffer
2 TL gehackte Petersilie

Muscheln vorbereiten

Die Jakobsmuscheln für einige Minuten in den auf
230 °C vorgeheizten Backofen legen. Die Muscheln
öffnen, auslösen und säubern. Die Schalen reinigen
und aufbewahren.

Den orangen Corail vom weißen Muschelfleisch
trennen und beides im Kühlschrank aufbewahren.

Sauce vorbereiten

Die Butter schmelzen und das Mehl einrühren. Nach
und nach die warme Milch dazugeben, dann
Tomatenmark, Knoblauch und Zucker. Bei geringer
Hitze 20 Minuten unter gelegentlichem Rühren kochen
lassen. Dann die gehackten Tomaten, Creme double,
Parmesan und Pfeffer zugeben und beiseite stellen.

Für das Püree die Kartoffeln schälen, waschen und
in gleichmäßige Stücke schneiden. In Salzwasser
weich kochen. Gut abtropfen lassen und bei geringer
Hitze alles Wasser verdampfen lassen. Die Kartoffeln
mit 2 EL Butter zerdrücken, dann Eigelb, die restliche
Butter und die warme Sahne unterrühren
und abschmecken. Das Kartoffelpüree in eine
Spritztülle füllen.

Muscheln garen

Das Muschelfleisch (ohne den Corail) in der Butter von
beiden Seiten anbraten, den Wein zugießen und
aufkochen lassen. Corail erst jetzt in die Pfanne geben
und noch 3 Minuten mitköcheln lassen.

Die Muschelschalen auf einem Backblech verteilen und
in jede 1 TL Sauce geben. Je ein Stück Muschelfleisch
und Corail in die Schale legen und die restliche Sauce
darüber verteilen. Das Kartoffelpüree auf den Rand der
Muschelschalen spritzen, mit Parmesan bestreuen und
ca. 5 Minuten im Backofen bei 220 °C gratinieren, bis
der Käse gebräunt ist. Mit den Zitronen servieren.

Frittierter Tintenfisch

S e p i a   F r i t a

900 g gereinigter Tintenfisch
3 Eier, verquirlt
Mehl
Salz und frisch gemahlener
schwarzer Pfeffer
Zitronenstücke
zum Servieren

Tintenfisch vorbereiten

Die Beine unterhalb der Augen abschneiden. Mit dem Zeigefinger die Kauwerkzeuge von unten herausdrücken und entfernen. Das transparente Fischbein und die Innereien ebenfalls entfernen. Dann die Haut abziehen und alle verwertbaren Teile waschen. Den Körper in etwa 15 mm dicke Ringe schneiden und nochmals alles gründlich waschen. Die Tintenfischteile in reichlich kochendem Wasser 1 Minute blanchieren, abgießen und mit kaltem Wasser abschrecken.

Zubereitung

Mit den Fingern die Eier mit dem Tintenfisch vermischen, würzen und nach und nach soviel Mehl zugeben, bis eine dicke Paste entstanden ist. Die Tintenfischstücke bei 165 °C nacheinander einzeln in die Friteuse legen, bis sie goldbraun sind. Herausnehmen, abtropfen lassen, würzen und mit den Zitronen servieren.

Marinierte Sprotten

Chanquetes Fritos

450 g tiefgefrorene Sprotten,
aufgetaut (bei Zimmer-
temperatur, etwa
2 Stunden)
1 EL Petersilie, gehackt
2 TL Knoblauch, zerdrückt
Saft von 2 Zitronen
(oder genügend, um den
Fisch zu marinieren)
2 Schalotten, fein gehackt
2 TL frisch gemahlener
schwarzer Pfeffer
½ TL Salz
4 EL Olivenöl

Zubereitung

Die Fischköpfe entfernen. Große Fische der Länge nach
teilen und entgräten, die Kleineren im Ganzen belassen.

In eine Auflaufform (nicht aus Metall) legen und mit
Petersilie, Knoblauch, Zitronensaft und Schalotten
bedecken und würzen.

24 Stunden im Kühlschrank marinieren lassen.

Die überschüssige Flüssigkeit abgießen. Mit dem Öl
begießen, eine Stunde ruhen lassen und servieren.

Frittierte Sprotten

Chanquetes en Escabeche

450 g tiefgekühlte Sprotten,
115 ml Milch,
Zimmertemperatur
Mehl
Öl zum Frittieren
Salz, vorzugsweise Meersalz
Zitronenstücke
zum Servieren

Zubereitung

Den gefrorenen Fisch in die Milch legen. Eventuell
einige Tropfen heißes Wasser zufügen, damit sich keine
Eiskristalle bilden.

Dann die Fische in Mehl wenden und überschüssiges
Mehl abschütteln.

Die Fische 3 Minuten in heißem Öl nacheinander
frittieren, damit sie nicht zusammenkleben. Wenn Sie
keine Friteuse haben, können Sie die Fische auch mit
2 EL Öl in einer Pfanne braten.

Mit Salz würzen und sofort mit den Zitronenstücken
servieren.

Gebratene Sardinen

S a r d i n a s   F r i t a s

12 Sardinen
1½ EL Mehl, gewürzt mit Salz
und frisch gemahlenem
schwarzen Pfeffer
Öl zum Braten
Zitronenstücke zum Servieren

**Für die Marinade alle Zutaten
vermischen:**
2 TL Petersilie, gehackt
4 EL Zitronensaft
½ TL Knoblauch, zerdrückt
Salz und frisch gemahlener
schwarzer Pfeffer
4 EL Olivenöl

Zutaten für die Sauce/Dip
1 große Tomate, gehäutet
und kleingeschnitten
1 kleine grüne Paprikaschote,
entkernt und
kleingeschnitten
½ kleine Zwiebel, fein gehackt
Mayonnaise
Salz und frisch gemahlener
schwarzer Pfeffer

Sardinen zubereiten

Die ausgenommenen Sardinen (den Kopf gegebenen-
falls dranlassen) an der Bauchseite ganz aufschneiden
und auseinander falten.

Die Marinade über die Fische verteilen und 20 Minuten
einziehen lassen.

Mit dem Mehl bestäuben und überschüssiges Mehl
abschütteln.

Das Öl erhitzen und die Sardinen von beiden Seiten
braten, bis sie gebräunt sind.

Sauce/Dip zubereiten

Alle Zutaten miteinander vermischen und entweder
über die Sardinen verteilen oder als Dip verwenden.

Mit den Zitronenstücken servieren.

Seeteufel mit Sardellensauce

Rape con Salsa de Anchoas

450 g Seeteufel, gehäutet,
gesäubert und in Würfel
geschnitten
1 EL frisch gemahlener
schwarzer Pfeffer
Mehl
100 ml Olivenöl
4 EL Sardellenpaste
Petersilie zum Garnieren

Zubereitung

Den Fisch würzen und leicht mit Mehl bestäuben.

Das Öl in einer Pfanne erhitzen und die Fischwürfel 4 bis 6 Minuten braten, bis sie fast gar sind. Aus dem Öl nehmen und warm halten.

Die Sardellenpaste in der Pfanne verrühren und wieder erhitzen.

Die Fischwürfel zurück in die Pfanne legen, umrühren und mit Petersilie garniert servieren.

Würzige Seeteufelspieße

Culiacin de Rape

900 g Seeteufel ohne Kopf
250 ml Wasser
6 EL Zitronensaft
6 lange Holzspießchen

Für die Sauce:
4 rote Chilischoten, entkernt
und fein gehackt
Olivenöl
2 große Tomaten, gehäutet
und klein gewürfelt
1 TL getrockneter Oregano
1 TL frisch gemahlener Pfeffer
1 TL Kreuzkümmel
1 TL gemahlener Ingwer
2 TL gehackter Knoblauch
550 ml Fischfond
½ große Gurke
1 mittelgroße rote Zwiebel
Limonenschnitten
Tabascosauce

Zubereitung

Den Fisch häuten, entgräten und in Würfel schneiden.
Den Zitronensaft mit dem Wasser mischen und die
Fischstücke darin mindestens vier Stunden, besser noch
über Nacht, marinieren.

Die Chilischoten in etwas Olivenöl scharf anbraten bis
sie dunkel werden. Die gehackten Tomaten, Oregano,
Pfeffer, Kümmel, Ingwer, Knoblauch und den Fischfond
hinzufügen. Zum Kochen bringen und 10 Minuten
köcheln lassen, dann von der Kochstelle nehmen.

Die Gurke in ca. ½ cm dicke Scheiben schneiden und die
rote Zwiebel längs achteln.

Abwechselnd je ein Stück Zwiebel, einen Fischwürfel
und eine Gurkenscheibe auf die Holzspieße stecken, bis
nur noch die Enden frei sind. Die Sauce großzügig über
den Spießen verteilen und mit Limonenschnitten und
Tabasco servieren.

17

Krebstörtchen mit Brandy

Tartas de Cangrejo al Brandy

225 g Pastetenteig
(Rezept auf Seite 24, die
Menge halbieren)
55 g Butter
½ mittelgroße Zwiebel,
sehr fein gehackt
(am besten eignet sich
eine rote Zwiebel mit
mildem Aroma)
1 TL Tomatenpüree
1 Prise Zucker
150 ml Weißwein
450 g Krebsfleisch
1 Prise Muskatnuss
1 EL gehackte Petersilie
Salz und frisch gemahlener
schwarzer Pfeffer
Saft von 2 Orangen
2 EL Weinbrand
4 Eier
1 Eigelb
285 ml Milch (oder, für einen
kräftigeren Geschmack,
Sahne)
75 g geriebener
Manchego-Käse

Zubereitung

Ergibt 6 Törtchen oder eine Torte mit 20 cm
Durchmesser.

Den Pastetenteig zubereiten und etwas ruhen lassen.
Die Backform oder –förmchen mit dem dünn ausgerollten Teig vorsichtig auslegen. Zum Blindbacken den Teig
mit Backpapier bedecken und mit getrockneten Bohnen
beschweren. Bei 230 °C 5 bis 8 Minuten backen.

Füllung

Die Butter schmelzen, die Zwiebelwürfel hinzufügen
und den Deckel schließen. Bei kleiner Hitze schmoren,
bis die Zwiebel weich ist.

Zuerst das Tomatenmark und den Zucker, dann den
Weißwein dazu geben. Das Krebsfleisch, Muskatnuss,
Petersilie, Salz und Pfeffer unterrühren. Den Orangen-
saft und den Weinbrand zu der Mischung geben und
5 Minuten leicht köcheln lassen, umrühren, von der
Kochstelle nehmen und abkühlen lassen.

Die Eier und die Milch (oder Sahne) in eine große
Schüssel geben und mit dem Schneebesen kräftig
schlagen.

Die Krebsmasse und den Manchego unter die Milch-
mischung rühren und mit frisch gemahlenem Pfeffer
abschmecken.

Mit einem Löffel wird die Masse in die vorbereiteten
Backformen gefüllt und bei mittlerer Hitze (ca. 190 °C)
in 15 bis 20 Minuten gebacken, bis die Törtchen fest
und goldgelb sind.

Anmerkung: Der Name Manchego kommt vom Man-
chego-Schaf, das in den Ebenen von La Mancha weidet
und aus dessen Milch der Käse ursprünglich hergestellt
wurde. Er ist halbfest bis fest, besitzt eine goldene
Farbe und einen milden Geschmack. Da er schön
schmilzt, eignet sich Manchego auch sehr gut zum
Kochen. Er ist in größeren Supermärkten und Käse-
fachgeschäften erhältlich.

Spieße mit Hummer und Huhn

B r o c h e t a s   d e   L a n g o s t a   y   P o l l o

2 lebende Hummer
je 650–700 g
2 Hühnerbrustfilets
je 200–250 g,
in mundgerechte Würfel
geschnitten
100 ml trockener Weißwein
100 ml Knoblauch-Tomaten-
Mayonnaise
6 Holzspieße

**Knoblauch-Tomaten-
Mayonnaise**

300 ml Mayonnaise in einen
Mixer geben, halb soviel
geschälte Tomaten aus
der Dose dazugeben und
mit Salz, Pfeffer und
2 TL Knoblauch zu einer
cremigen Masse mixen.

Zubereitung

In einem großen Topf Salzwasser zum Kochen bringen und den ersten Hummer mit dem Kopf voraus hinein geben. Die Hitze reduzieren und den Hummer etwa 5 Minuten kochen, bis die Farbe zu kräftig rosa wechselt. Herausnehmen und abkühlen lassen, bis man ihn mit den Händen anfassen kann. Das Wasser wieder zum Kochen bringen und mit dem zweiten Hummer ebenso verfahren.

Mit einer kräftigen Drehbewegung den Hummer-schwanz vom Kopf lösen. Das Fleisch aus der Schale lösen und in mundgerechte Stücke schneiden.

Das Hühnerfleisch 6 bis 8 Minuten in Weißwein köcheln und abkühlen lassen.

Hühnchen und Hummerstücke abwechselnd auf die Holzspieße stecken.

Mit der Knoblauch-Tomaten-Mayonnaise und gevierten Limonen servieren.

Seeteufelspieße mit Bacon

Brochetas de Rape con Bacon

24 kleine Champignons
9 Scheiben Frühstücksspeck, der Länge nach halbiert
450 g Seeteufel, entgrätet, gehäutet und gewürfelt
Olivenöl
Salz und frisch gemahlener schwarzer Pfeffer
8 EL Knoblauch-Tomaten-Mayonnaise
(siehe Rezept Seite 19)
6 lange oder
12 kurze Holzspieße

Zubereitung

Zuerst einen Champignon auf einen Holzspieß stecken, dann ein Stück zusammengerollten Bacon und ein Stück Fisch aufspießen. In dieser Reihenfolge fortfahren, bis alle Spieße voll sind und die drei Zutaten aufgebraucht.

Die Spieße mit Olivenöl bestreichen und würzen. Bis zur endgültigen Fertigstellung kann man sie nun auch ohne weiteres im Kühlschrank aufbewahren.

Eine flache, feuerfeste Form dünn mit Öl bestreichen und die Spieße nebeneinander hineinlegen. In den auf 220 °C vorgeheizten Backofen geben und 7–8 Minuten backen, bis der Fisch gar ist.

Die Knoblauch-Tomaten-Mayonnaise über die Spieße geben und servieren.

Toast mit Räucherfisch-Knoblauch-Mayonnaise

Tostadas con Ajo Cubiertas de Pescado Ahumado

2 grüne Paprikaschoten
4 EL Olivenöl
frisch gemahlener
schwarzer Pfeffer
1 Tomate, gehäutet
und gehackt
225 g geräucherte Makrele
225 g geräucherter Kabeljau
8 EL Knoblauchmayonnaise
6 Scheiben Weißbrot oder
1 Baguette
1 TL zerdrückter Knoblauch
2 EL Olivenöl

Knoblauchmayonnaise
350 ml Mayonnaise mit
2 TL gehacktem
Knoblauch im Mixer
zu einer gleichmäßig
cremigen Masse
verarbeiten.

Zubereitung

Die Paprikaschoten entkernen und in dünne Streifen schneiden. Das Olivenöl in einer Pfanne erhitzen und die Paprikastreifen darin bei schwacher Hitze schmoren. Pfeffer und Tomaten hinzufügen und den Deckel auflegen. 20 Minuten, oder bis die Paprika weich sind, dünsten, dann abkühlen lassen und beiseite stellen.

Den Fisch häuten und die Gräten entfernen. Zusammen mit Knoblauchmayonnaise und Pfeffer im Mixer verquirlen. Die Konsistenz sollte dick-cremig sein, falls nötig etwas mehr Mayonnaise zugeben.

Die Brotscheiben halbieren und kurz toasten. Auf beiden Seiten mit Knoblauch und ein wenig Olivenöl bestreichen und im auf 220 °C vorgeheizten Backofen 3–5 Minuten backen, bis die Scheiben goldgelb sind.

Auf jede Brotscheibe etwas gedünstete Paprika geben. Darauf einen Löffel Fisch-Mayonnaise verteilen und servieren.

Fischkroketten

C r o q u e t a s   d e   P e s c a d o

340 g weißfleischiger Fisch
genug Milch um den Fisch
zur Hälfte zu
bedecken (ca. ¼ l)
340 g gestampfte Kartoffeln
4 EL fein gewürfelte Zwiebel
Butter zum Anbraten
½ TL gehackter Knoblauch
½ TL Paprikapulver
1 EL gehackte Petersilie
1 Ei
1 gehäufter EL Mehl
2 Eier, mit etwas Milch
verquirlt
Paniermehl
Öl oder Butter zum Frittieren
Zitronenscheiben und
Knoblauch-Tomaten-
Mayonnaise (siehe
Seite 19) zum Servieren

Zubereitung

Den Fisch waschen, in eine feuerfeste Form geben, bis
zur Hälfte mit Milch bedecken und bei geringer Hitze
15 Minuten im Backofen garen. Haut und Gräten
sorgfältig entfernen und das Fleisch in kleine Fasern
zerpflücken. Zur Seite stellen.

Die Zwiebel in etwas Butter glasig dünsten, dann
Knoblauch, Paprika und Petersilie zugeben. Umrühren
und von der Kochstelle nehmen.

In einer Schüssel den Fisch, die gestampften Kartoffeln
und die Zwiebeln verrühren und abschmecken. Dann das
Ei unterrühren. Die Masse sollte nun fest und geschmeidig sein. Aus dem Teig kleine Kugeln formen und mit
Mehl bestäuben. Dann die Kugeln in das verquirlte Ei
tauchen, bis sie vollständig damit bedeckt sind und in
dem Paniermehl wenden. Notfalls nachformen.

Die Kroketten in heißem Öl (185 °C) 3–5 Minuten
frittieren bis sie goldgelb sind, oder in einer tiefen
Pfanne in Butter braten, dabei häufig wenden.

Mit der Knoblauch-Tomaten-Mayonnaise und vielen
Zitronenscheiben servieren.

Muscheln mit Spinat

Mejillones con Espinacas

450 g Blattspinat
(frisch oder tiefgefroren)
1 mittelgroße Zwiebel,
gehackt
55 g Butter
1 TL gehackter Knoblauch
1 Prise Muskatnuss
Salz und frisch gemahlener
schwarzer Pfeffer
150 ml trockener Weißwein
850 ml Hühnerbrühe
900 g geputzte
Miesmuscheln
2 EL Sahne

Zubereitung

Den frischen Spinat von den Stielen und harten Blatt-
adern befreien und gründlich waschen. In kochendem
Salzwasser 2 Minuten blanchieren und unter kaltem
Wasser abschrecken. Die Blätter kräftig ausdrücken,
um das Wasser zu entfernen. Bei der Verwendung von
aufgetautem, tiefgefrorenem Spinat entfallen diese
Arbeitsschritte. Die Spinatblätter klein schneiden.

Die Butter erhitzen und die Zwiebel darin anbraten.
Spinat, Knoblauch, Muskatnuss, Salz und Pfeffer
dazu geben und gut umrühren. Den Weißwein dazu
gießen und die Hitze erhöhen. Etwa 5 Minuten kochen
lassen, bis der Wein fast vollständig verdampft ist.
Die Hühnerbrühe hinzufügen und zum Kochen bringen.
So lange einkochen lassen, bis der Sud eine dickflüssige
Konsistenz hat.

Die Muscheln in den Sud geben und den Deckel schließen. Kochen, bis sich alle Muscheln geöffnet haben,
dabei immer wieder den Topf kräftig rütteln. Von der
Kochstelle nehmen und abschmecken. Portionsweise in
Schalen umfüllen und mit etwas Sahne beträufeln.

Tintenfischpastete

E m p a n a d a   d e   C a l a m a r

Für die Füllung:

4 EL Olivenöl

1 mittelgroße Zwiebel,
klein gewürfelt

1 TL gehackter Knoblauch

2 grüne Paprikaschoten,
entkernt und in dünne
Scheiben geschnitten

3 Tomaten, gehäutet
und halbiert

2 rote Chilischoten, entkernt
und fein gehackt

450 g kleine Tintenfische,
gesäubert (siehe
Rezept Seite 13)

250 ml Fischbrühe

250 ml Rotwein aus Rioja

1–2 TL Salz

2 TL Paprikapulver

1 Zweig frischer Thymian

450 g geputzte
Miesmuscheln
5 Minuten in
Salzwasser gekocht

175 g Garnelen

Salz und frisch gemahlener
schwarzer Pfeffer

Für den Teig

(ergibt ca. 450 g)

340 g Mehl

25 g frische Hefe
(oder 12 g Trockenhefe)

235 ml lauwarme Milch

55 g geschmolzene Butter

2 Eier

1 Prise Salz

2 Tomaten, gehäutet und
in Scheiben geschnitten

1 TL Salz

1 Ei, mit etwas Milch
verquirlt zum Bestreichen

Zubereitung der Füllung

Das Öl in einem großen schweren Topf erhitzen und
Zwiebel und Knoblauch darin andünsten. Die Paprikaschoten, Tomaten und Chili dazu geben, unterrühren
und 10 Minuten kochen lassen.

Die Tintenfischringe und die klein gehackten Tentakel
hinzufügen, die Brühe und den Rotwein dazugießen
und bei geschlossenem Deckel 20 Minuten sanft
schmoren lassen. Salz, Paprikapulver und Thymian
zugeben und unterrühren. Falls die Mischung zu
trocken wird, etwas Wasser zugießen. Die Muscheln
werden aus den Schalen gelöst und zusammen mit den
Garnelen in den Topf gegeben. Von der Herdplatte
nehmen und abschmecken.

Zubereitung der Pastete

Das Mehl in eine Schüssel sieben und in der Mitte eine
Mulde formen. Die Hefe in die Mulde bröckeln, die lauwarme Milch über die Hefe gießen und vorsichtig verrühren. Mit einem Tuch bedecken und für ca. 15 Minuten an einem warmen Ort gehen lassen.

Butter, Eier und Salz unter die Mehl-Hefe-Mischung
rühren und den Teig mit den Händen kräftig
durchkneten bis er geschmeidig ist. Zu einer Kugel
formen, wieder in die Schüssel legen und leicht mit
Mehl bestäuben. Mit einem Tuch abdecken und an
einem warmen Ort 20 Minuten ruhen lassen. Nochmals
durchkneten und weitere 20 Minuten zugedeckt gehen
lassen.

Eine große Paella-Schüssel (für 2 Personen) einfetten
und mit der Hälfte des Teiges auslegen. Die Füllung auf
die Teigschicht geben, mit den Tomatenscheiben
belegen und salzen.

Den restlichen Teig ausrollen und die Schüssel damit
bedecken, dabei die Ränder gut andrücken. Mit dem
verquirlten Ei bestreichen, nach Geschmack dekorieren
und noch einmal 10 Minuten ruhen lassen.

Den Backofen auf 200 °C vorheizen und die Pastete
darin 30 Minuten backen, abkühlen lassen und zum
Servieren in Stücke schneiden.

Russischer Salat

Ensaladilla Rusa

8 mittelgroße Kartoffeln
1 Karotte, in Würfel
geschnitten
175 g frische grüne Erbsen
2 hartgekochte Eier, geschält
und gewürfelt
200 g Thunfisch aus der Dose
(ohne Öl), abgegossen
und fein zerpflückt
1 rote Paprikaschote,
entkernt und gewürfelt
120 g Mais
40 g schwarze Oliven
340 ml Mayonnaise

Zubereitung

In einem Topf etwas Wasser mit den Kartoffeln zum
Kochen bringen, den Deckel auflegen, die Hitze
reduzieren und in 20–25 Minuten gar kochen.
Die Kartoffeln abgießen, abkühlen lassen und in
ca. ½ cm große Würfel schneiden.

Die Karottenwürfel und die Erbsen 3–5 Minuten
kochen, so dass sie noch Biss haben. Abgießen.

Alle Zutaten in einer großen Salatschüssel vorsichtig
miteinander vermischen.

Muscheln und Bohnen in Tomatensauce

Mejillones con Judías en Salsa de Tomate

900 g weiße Bohnen
2 EL Olivenöl
1 mittelgroße Zwiebel,
gehackt
2 Scheiben Frühstücksspeck,
klein geschnitten
2 TL gehackter Knoblauch
1 l Hühnerbrühe
900 g geputzte
Miesmuscheln
1 große Tomate,
gehäutet
und in kleine Würfel
geschnitten
1 EL gehackte Petersilie
Saft einer Zitrone
Salz und frisch gemahlener
schwarzer Pfeffer

Zubereitung

Getrocknete Bohnen über Nacht in kaltem Wasser einweichen. Es können jedoch auch Bohnen aus der Dose verwendet werden.

In einem großen Topf das Öl erhitzen und die Zwiebeln glasig dünsten. Den Speck dazugeben und unter Rühren anbraten. Die Bohnen und den Knoblauch zugeben, mit der Hühnerbrühe aufgießen und köcheln lassen. Bei getrockneten Bohnen beträgt die Kochzeit 2 Stunden, ansonsten genügen 20 Minuten.

Die Muscheln in den Topf geben, gut durchrütteln und bei geschlossenem Deckel kochen, bis alle Muscheln geöffnet sind. Die Tomaten, Petersilie und Zitronensaft unterrühren und abschmecken. In kleinen Schüsseln servieren.

Muscheln mit Sardellen in Weißweinsauce

Mejillones con Anchoas San Sebastián

2 mittelgroße Zwiebeln,
gehackt
2 grüne Paprikaschoten,
kleingewürfelt
8 EL Olivenöl
1 TL gehackter Knoblauch
1 EL Paprikapulver
450 g frische Sardellen
(oder 450 g gefrorene,
aufgetaute Sprotten)
250 ml trockener Weißwein
250 ml Weißweinessig
300 ml Fischbrühe
900 g geputzte
Miesmuscheln

Zubereitung

Zwiebel- und Paprikawürfel in Olivenöl anbraten.
Knoblauch und Paprikapulver unterrühren und den
Fisch zugeben. 5 Minuten köcheln lassen.

Den Weißwein, Essig und die Brühe zugießen und zum
Kochen bringen. Dann die Muscheln in den Topf geben
und kochen, bis sie geöffnet sind.

Abschmecken und portionsweise in kleinen Schüsseln
servieren.

Überbackene Muscheln

Mejillones Fritos

1 mittelgroße Zwiebel,
gehackt
50 g Butter
300 ml trockener Weißwein
2 Stiele Petersilie
etwas abgeriebene
Zitronenschale
900 g geputzte
Miesmuscheln
150 g getrockneter Schinken
(Spanischer Serrano-
schinken oder Italieni-
scher Parmaschinken)
50 g Semmelbrösel
200 g geriebener Parmesan
Salz und frisch gemahlener
schwarzer Pfeffer
2 EL gehackte Petersilie

Für die Béchamelsauce
85 g Butter
100 g Mehl
300 ml Milch
Salz und frisch gemahlener
schwarzer Pfeffer

Zubereitung

Butter und Zwiebeln in einem Topf anbraten. Wein,
Petersilienstängel und die Zitronenschale zugeben und
zum Kochen bringen. Die Muscheln hineingeben, den
Deckel schließen und den Topf über großer Hitze
rütteln, bis sich alle Muschelschalen geöffnet haben.
Muscheln herausheben und abkühlen lassen. Noch
verschossene Muscheln wegwerfen. Die Kochflüssigkeit
durchsieben und beiseite stellen.

Die Muscheln aus den Schalen lösen. Die leeren
Schalen aufheben. Das Muschelfleisch in kleinen
Portionen in Schinkenstreifen wickeln und wieder in die
Muschelschalen geben.

Zubereitung der Béchamelsauce

Die Butter langsam schmelzen und das Mehl sorgfältig
einrühren. Die Milch erwärmen und nach und nach
zugießen, dabei ständig mit einem Holzlöffel rühren.
Den Muschelsud zugeben und ca. 20 Minuten kochen
lassen, bis die Sauce dickflüssig ist. Abschmecken und
mit einem kleinen Löffel auf die Muscheln verteilen, so
dass diese vollständig mit der Sauce bedeckt sind.

Paniermehl mit Parmesan mischen, würzen und über
die Muscheln streuen. Im Backrohr grillen und mit
Petersilie garniert servieren.

Meeresfrüchtesalat

Ensalada de Marisco

600 ml Fischbrühe
450 ml Weißwein
450 g ungeschälte Garnelen
900 g geputzte
Miesmuscheln
2 EL Olivenöl
3 TL gehackter Knoblauch
3 TL Paprikapulver
450 g Tintenfisch, gesäubert
und blanchiert
(siehe Seite 13)
8 EL Zitronensaft
Salz und frisch gemahlener
schwarzer Pfeffer
Petersilie zum Garnieren

Zubereitung

In einem Topf die Brühe mit dem Wein zum Kochen
bringen. Die Garnelen hineingeben und 2 Minuten
kochen. Mit einem Schaumlöffel wieder herausheben
und abtropfen lassen.

Nun die Muscheln in den Sud geben, den Topf schließen
und kochen, bis sich die Schalen öffnen. Mit dem
Schaumlöffel aus dem Sud nehmen und zur Seite stellen.

In einem anderen Topf das Öl erhitzen, Knoblauch und
Paprikapulver zugeben und unter ständigem Rühren
2 Minuten schmoren. Die Garnelen, Muscheln,
Tintenfischringe und Zitronensaft hineingeben und mit
Salz und Pfeffer würzen. Unter Rühren 2 Minuten
erhitzen und, mit Petersilie garniert, sofort servieren.

Riesengarnelen mit Knoblauch

Langostinos al Ajillo

3 EL Olivenöl
12 Riesengarnelen
(wenn möglich frisch,
ansonsten tiefgefroren)
2 TL gehackter Knoblauch
2 TL Paprikapulver
2 EL halbtrockener Sherry
Zitronenachtel zum Servieren

Zubereitung

Das Öl in einem Topf erhitzen. Sobald es heiß ist die Hitze reduzieren, die gefrorenen Garnelen hineinlegen und bei geschlossenem Deckel 6 Minuten kochen, bis sie gar sind. Frische Garnelen unter mehrfachem Wenden in Öl anbraten bis es zischt.

Die restlichen Zutaten hinzufügen und nochmals erhitzen. Abschmecken und mit den Zitronenachteln servieren.

Garnelensalat

Ceviche de Gambas

900 g geschälte, gekochte
Garnelen
1 l Wasser
500 ml Zitronensaft
2 mittelgroße rote Zwiebeln,
fein gehackt
2 EL Sojasauce
Salz und frisch gemahlener
schwarzer Pfeffer
2 Gurken, entkernt und
gewürfelt
1 rote Paprikaschote,
entkernt
und in Würfel geschnitten
1 Bund Dill, gehackt
Tabasco zum Abschmecken
Limonenschnitten zum
Servieren

Zubereitung

Die Garnelen schälen und in eine große Schüssel legen.

Die Zutaten für die Marinade (Wasser, Zitronensaft, Zwiebeln, Sojasauce, Salz und Pfeffer) mischen. Über die Garnelen gießen und 20 Minuten ziehen lassen.

Gurke, Dill und Paprika zugeben und alles gut durchmischen.

Den Salat auf Tellern oder kleinen Schüsseln anrichten, mit Pfeffer und Tabasco würzen und mit Limonenschnitten servieren.

Glasierte Riesengarnelen

Langostinos Glaseados

12 Riesengarnelen, frisch
oder aufgetaut
2 Eigelb
250 ml Mayonnaise
1 EL Crème double
frisch gemahlener
schwarzer Pfeffer
½ TL Paprikapulver
1 Tomate, gehäutet und
klein gewürfelt
3 TL gehackter Knoblauch
Öl zum Bestreichen
1 EL gehackte Petersilie
Zitronen- oder Limonen-
schnitten und
Knoblauchbrot
(siehe Rezept S. 40)
zum Servieren

Zubereitung

Vorsichtig die Schale der Garnelenschwänze entfernen, die Köpfe dabei nicht beschädigen.

Eigelb, Crème double, Pfeffer, Paprikapulver, Tomaten-würfel und Knoblauch mit der Mayonnaise verrühren.

Den Grill vorheizen und ein Backblech mit Öl bestrei-chen oder mit Backpapier auslegen.

Die Garnelen nebeneinander auf das Blech legen und mit der Mayonnaise-Mischung bestreichen.

Im Ofen grillen, bis die Garnelen bräunen.

Die Garnelen mit der gehackten Petersilie bestreuen und heiß mit den Zitronen- oder Limonenschnitten und dem Knoblauchbrot servieren.

Riesengarnelen mit Ei und Sardellen

Langostinos con Huevo y Anchoas

6 gekochte, geschälte
Riesengarnelen
(wahlweise den Kopf
entfernen oder am
Körper belassen)
3 hartgekochte Eier, geschält
und halbiert
6 Sardellenfilets
6 schwarze Oliven
150 ml Mayonnaise
6 Cocktailspieße

Zubereitung

Auf jeden Cocktailspieß 1 Garnele, ein halbes Ei, ein zusammengerolltes Sardellenfilet und eine Olive stecken. Die Mayonnaise entweder über den Spießen verteilen oder in einem Schüsselchen als Dip reichen.

Riesengarnelen im Speckmantel

Langostinos Envueltos en Tocineta

12 Riesengarnelen
frisch oder aufgetaut,
geschält, mit Kopf und
Schwanzsegment
50 g klein gewürfelter
Mozzarella
1 TL frisch gemahlener,
schwarzer Pfeffer
12 dünne Scheiben
Frühstücksspeck,
ohne Schwarte
Olivenöl

Für den Dip:
Sauerrahm
je ½ TL Salz und
frisch gemahlener
schwarzer Pfeffer
Saft einer halben Zitrone

Zubereitung

Den Rücken der Garnelen mit einem scharfen Messer vorsichtig einschneiden, aber nicht durchtrennen. Die Mozzarellawürfel mit Pfeffer würzen und in die Spalten füllen.

Die Garnelen einzeln in die Speckstreifen einhüllen, dabei am Kopfende beginnen und den Speck spiralförmig bis zum Schwanzende wickeln. Falls nötig, mit einem Zahnstocher fixieren. Mit Olivenöl bestreichen und unter dem Grill oder im auf 230 °C vorgeheizten Ofen 7–8 Minuten backen. In der Zwischenzeit den Dip vorbereiten.

Zubereitung des Dips

Alle Zutaten gründlich vermischen, in Schälchen füllen und mit den heißen Garnelen servieren.

Scharfe Austern mit Limone

Ostras Picantes con Lima

12 große frische Austern
Tabasco
Saft von 4 Limonen
frisch gemahlener
schwarzer Pfeffer
Limonenschnitten
zum Servieren

Zubereitung

Austern unter fließendem kalten Wasser abbürsten.
So auf eine Arbeitsfläche legen, dass die flache Seite
nach oben zeigt. Gut festhalten – am besten mit einem
sehr robusten Handschuh –, mit einem Austernmesser
in das Scharnier stoßen und den kräftigen Schließ-
muskel durchtrennen. Die Klinge senkrecht drehen
und dadurch die Schalen aufhebeln. Die obere Schale
entfernen.

Das Muschelfleisch lösen und alle eventuell vorhan-
denen Schalensplitter entfernen. Wieder in eine tiefe
Muschelschale legen und mit 2 Tropfen Tabasco
beträufeln. Mit etwas Limonensaft und Pfeffer würzen
und servieren.

Austern »Bloody Mary«

Ostras Bloody Mary

340 ml Tomatensaft
3 EL Wodka
5 Tropfen Tabasco
1 TL Worcestershire Sauce
1 EL Zitronensaft
Salz und frisch gemahlener
schwarzer Pfeffer
12 frische Austern
¼ Gurke, fein gewürfelt
Stangensellerie,
nur die zarten, jungen
Triebe, gewürfelt
Zitronenachtel zum Servieren

Zubereitung

Aus Tomatensaft, Wodka, Tabasco, Worcestershire Sauce, Zitronensaft, Salz, Pfeffer und ein paar Eiswürfeln im Mixer eine Bloody Mary mischen.

Die Austern vorsichtig öffnen (siehe Seite 34) und mit der Bloody Mary auffüllen.

Die Gurken- und Selleriewürfel über die Austern streuen und mit den Zitronenachteln servieren.

Gemüse Tapas

Tapas de Verdura

Spargel-Salat-Törtchen

Tartas de Esparragos con Lechuga

450 g Spargel, frisch
oder aus dem Glas
Saft einer Zitrone
1 mittelgroße Zwiebel,
gehackt
50 g Butter
½ Kopfsalat
1 Knoblauchzehe, gehackt
Salz und frisch gemahlener
schwarzer Pfeffer
2 EL trockener Weißwein
225 g Pastetenteig
(siehe Rezept Seite 24,
Menge halbieren)
275 ml Sahne
4 Eier
1 Eigelb
50 g geriebener Käse,
vorzugsweise Manchego
1 flache Form von
20 cm Durchmesser oder
10 kleine Törtchenformen

Zubereitung

Die holzigen Enden der Spargel abschneiden, die Stangen schälen und in zentimeterlange Stücke schneiden. Die Spargelspitzen separat beiseite stellen.

In einem Topf Wasser mit Salz und Zitronensaft zum Kochen bringen und die Spargelstücke darin in 8–10 Minuten weich garen. Die Spitzen erst nach 5 Minuten Kochzeit zugeben. Vorsichtig abgießen, damit die Spargelspitzen nicht beschädigt werden und unter kaltem Wasser abbrausen.

Spargel aus dem Glas lediglich gut abtropfen lassen und in kleine Stücke schneiden.

Die Zwiebeln in der Butter zugedeckt schmoren, bis sie weich sind. Den Kopfsalat fein schneiden, zu den Zwiebeln geben und umrühren. Knoblauch und Gewürze zufügen, mit dem Weißwein aufgießen und unter gelegentlichem Rühren kochen, bis der Salat weich ist. Eventuell etwas Wasser hinzufügen und bei geschlossenem Deckel 5 Minuten köcheln. Von der Herdplatte nehmen, abkühlen lassen und den Spargel (ohne die Spitzen) untermischen.

Die Backformen einfetten, mit Mehl bestäuben und mit dem Teig auslegen. Zum Blindbacken den Teig mit Backpapier bedecken und mit getrockneten Bohnen beschweren. 5–8 Minuten bei 230 °C backen, Papier und Bohnen wieder entfernen.

Sahne mit den Eiern verquirlen, mit Salz und Pfeffer würzen. Die Spargel-Salat-Mischung dazu geben und gründlich vermischen. Mit einem Löffel in die Formen füllen, abschließend die Spargelspitzen auf den Törtchen verteilen.

Den Backofen auf 180 °C vorheizen und die Törtchen 10 Minuten backen. Bei einer großen Form verlängert sich die Backzeit auf 15 Minuten.

Wenn die Törtchen fertig sind, sollten sie eine goldbraune Farbe haben und fest sein.

Auberginen mit Käse und Garnelen

B e r e n j a s   R e l l e n a s
d e   G a m b a s   y   Q u e s o

1 große Aubergine
Salz
75 g Mehl
Olivenöl
285 ml Käsesauce
(siehe unten)
Parmesan zum Bestreuen
Petersilie zum Garnieren

Für die Käsesauce
50 g Butter
1 gehäufter EL Mehl
275 ml warme Milch
½ kleine Zwiebel, gehackt
1 Lorbeerblatt
1 Prise Muskatnuss
75 g geriebener Manchego
oder Parmesan
1 EL Sahne
1 Eigelb
175 g Garnelen
Salz und frisch gemahlener
schwarzer Pfeffer

Zubereitung

Die Aubergine in dünne Scheiben schneiden, nebeneinander auf ein Brett legen und salzen. 20 Minuten
ziehen lassen, mit Küchenpapier trocken tupfen und im
Mehl wenden. Überschüssiges Mehl leicht abklopfen.

In einen Topf so viel Olivenöl geben, dass der Boden
vollständig bedeckt ist. Die Auberginenscheiben im
heißen Öl von beiden Seiten frittieren, bis sie goldgelb
sind. Anschließend auf Küchenpapier legen.

Zubereitung der Käsesauce

In einem Topf die Butter schmelzen und das Mehl einrühren. Unter ständigem Rühren die Milch nach und
nach zugießen. Weiterrühren bis die Sauce glatt ist.
Zwiebeln, Lorbeerblatt und Muskatnuss zugeben und
20 Minuten leicht köcheln lassen. Durch ein Sieb
gießen, den Käse und die Sahne einrühren und von der
Kochstelle nehmen. Das Eigelb unterrühren, würzen
und die Garnelen in die Sauce geben.

Die Auberginen auf ein Backblech legen und die Sauce
auf den Scheiben verteilen. Mit Parmesan bestreuen
und bei 200 °C backen, bis die Sauce goldgelb ist. Mit
Petersilie garnieren und servieren.

Käse-Kartoffel-Kroketten

C r o q u e t a s   d e   P a t a t a   y   Q u e s o

900 g Kartoffeln
2 Eigelb
55 g Butter
Salz und frisch gemahlener
schwarzer Pfeffer
1 Prise Muskatnuss
1 Schuss Sherry
55 g geriebener Parmesan
1 Prise gemahlene
Senfkörner
2 EL gehackte Petersilie
Mehl, mit Salz und
Pfeffer gewürzt
2 Eier, mit etwas
Milch verquirlt
Semmelbrösel
Petersilie zum Garnieren

Zubereitung

Die Kartoffeln waschen, schälen und in gleichmäßig große Stücke schneiden. In gesalzenem Wasser gar kochen und abgießen. Wieder in den Topf geben und bei geringer Hitze trocknen lassen. Dabei immer wieder umrühren, damit die Kartoffeln nicht anbrennen.

In einem Mixer die Kartoffeln mit dem Eigelb, den Gewürzen, Muskatnuss, Sherry, Parmesan, Senf und Petersilie zu einem sehr festen Püree verarbeiten.

Den Teig abschmecken und zu Kroketten formen. Zuerst in dem gewürzten Mehl, dann im verquirlten Ei und schließlich in Semmelbrösel wenden, bis die Kroketten vollständig mit der Panade überzogen sind. In heißem Öl (185 °C) frittieren, herausheben sobald sie goldbraun sind und auf Küchenpapier abtropfen lassen. Mit Petersilie garnieren und servieren.

Knoblauchbrot

Pan de Ajo

3 Knoblauchzehen
225 g weiche Butter
(Zimmertemperatur)
1 EL gehackte Petersilie
Salz und frisch gemahlener
schwarzer Pfeffer
1 großer Laib Weißbrot oder
6 kleine Pitta-Brote

Zubereitung

Ofen auf 230 °C vorheizen und die ungeschälten Knoblauchzehen 10 Minuten backen. Nun lässt sich die Haut leicht entfernen. Den Knoblauch durch die Presse drücken, salzen, pfeffern und zusammen mit der gehackten Petersilie unter die weiche Butter mischen.

Das Brot bei 230 °C 15 Minuten aufbacken. Pitta-Brot vorher mit etwas Wasser besprengen, damit es nicht austrocknet. Das Brot in Scheiben schneiden, mit der Knoblauchbutter bestreichen und servieren.

Von diesem Rezept gibt es etliche Variationen, z.B.:

2 TL Tomatenpüree unter die Butter mischen, Brotscheiben mit der rosaroten Butter bestreichen und überbacken.

Statt 225 g Butter nur 170 g verwenden, zusätzlich 60 g geriebenen Käse untermischen. Das Brot erhitzen, in Scheiben schneiden, mit der Buttermischung bestreichen und weiter backen, bis der Käse zerläuft. Würzen und servieren.

Champignons mit Knoblauch

Champiñones al Ajillo

85 g Butter
650 g Champignonköpfe
1 Spritzer Zitronensaft
Salz und frisch gemahlener
schwarzer Pfeffer
3 TL gehackter Knoblauch
1 EL Koriandergrün oder
Petersilie, gehackt

Zubereitung

In einem großen Topf die Butter erhitzen. Die Champignons zugeben und bei geschlossenem Deckel 5 Minuten sanft kochen, dabei gelegentlich umrühren.

Mit Zitronensaft, Salz und Pfeffer würzen, die Hitze erhöhen und den Knoblauch zu den Champignons geben, durchrühren und 2 Minuten schmoren. Koriander oder Petersilie zufügen, eine weitere Minute kochen lassen und heiß servieren.

Geschmorte Oliven

A c e i t u n a s   G i g a n t e s

1 großes Glas große Oliven,
entlang dem Stein rund-
herum eingeschnitten
1 mittelgroße Zwiebel,
gehackt
1 Knoblauchzehe, gehäutet
und klein gehackt
1 Lorbeerblatt
2 EL Olivenöl
2 EL Rotweinessig

Zubereitung

Alle Zutaten in einen Topf geben und mit Wasser
bedecken. So viel Olivenöl langsam zugießen, bis
eine geschlossene Ölschicht das Wasser bedeckt.
Zum Kochen bringen und zugedeckt bei kleiner Hitze
4 bis 6 Stunden köcheln lassen.

Die Oliven halten sich im Kühlschrank zwei Wochen.

Dreierlei Paprika mit Tomaten und Knoblauch

Pimientos en Tomate y Ajo

je 2 gelbe, rote und grüne Paprikaschoten
170 ml Olivenöl
1 EL gehackte Petersilie
2 TL gewürfelter Knoblauch
200 g frische, möglichst kleine Tomaten, ersatzweise aus der Dose
Salz und frisch gemahlener schwarzer Pfeffer

Zubereitung

Die Paprikaschoten halbieren, die Kerne entfernen und in dünne Streifen schneiden. In einem schweren Topf das Öl erhitzen und die Paprikastreifen unter häufigem Rühren 2–3 Minuten dünsten. Die Petersilie und den Knoblauch zugeben und ein paar Minuten weiter kochen lassen.

Die Tomaten klein schneiden und zusammen mit dem Saft in den Topf geben, umrühren und würzen. Bei geschlossenem Deckel 20 Minuten leicht kochen lassen, bis die Paprikastreifen zart sind.

Die Sauce sollte relativ dickflüssig sein – falls nötig, die Paprika kurz herausnehmen und die Sauce unter großer Hitze reduzieren. Abschmecken.

Dieses Gericht ist ein typisches Sommer-Tapa, das sowohl warm als auch kalt serviert werden kann.

Kalte Gemüsesuppe

G a z p a c h o

40 g Semmelbrösel
4 EL Olivenöl
1 Gurke, gewürfelt
1 grüne Paprikaschote,
entkernt
225 g Eiertomaten
aus der Dose
1 mittelgroße Zwiebel
1 TL zerdrückter Knoblauch
1 EL Zitronensaft
Salz und frisch gemahlener
schwarzer Pfeffer

Zubereitung

Mit einer Gabel die Semmelbrösel mit dem Olivenöl vermischen, so dass eine glatte Masse entsteht.

Die restlichen Zutaten im Mixer pürieren, unter die Brot-Öl-Mischung rühren, kräftig würzen und kühlen.

Wenn die Suppe flüssiger sein soll, noch Tomatensaft zugeben und gut verrühren.

Scharf gefüllte Paprika

P i m i e n t a s   V e r d e   c o n   P i c a n t e

450 g Hackfleisch (vom Rind
oder Schwein)
4 EL Öl oder 50 g Butter
1 Zwiebel, fein gehackt
2 TL gehackter Knoblauch
6 rote Chilischoten,
klein gehackt
½ TL getrockneter Oregano
1 Lorbeerblatt
550 ml Wasser
Salz und frisch gemahlener
schwarzer Pfeffer
2 TL Tomatenpüree
1 TL gehackter Basilikum
225 g Kidney Bohnen
aus der Dose
2 große Tomaten, gehäutet
und gewürfelt
3 große oder 6 kleine
grüne Paprikaschoten
55 g geriebener Manchego
(siehe Anmerkung
Seite 18)

Zubereitung der Füllung

Das Hackfleisch in Öl oder Butter sanft anbraten. Zwiebel, Knoblauch, Chilis, Oregano, Lorbeerblatt, Wasser, Salz, Pfeffer, Tomatenpüree und Basilikum zu dem Fleisch geben und unter ständigem Rühren zum Kochen bringen. Hitze reduzieren und 45 Minuten köcheln lassen, dabei gelegentlich umrühren. Bohnen und Tomaten zugeben, nach Geschmack würzen, kurz aufkochen lassen und von der Kochstelle nehmen.

Zubereitung der Paprika

Die Stiele abschneiden und die Paprika in kochendes Salzwasser geben. Nach 5 Minuten herausheben und abschmecken. Große Paprikaschoten längs halbieren, mit der Hackfleischmasse füllen, mit Käse bestreuen und bei 200 °C backen, bis der Käse schmilzt. Bei kleinen Schoten den Deckel abschneiden und vorsichtig das Kerngehäuse herausschneiden. Den Sockel gerade schneiden, ohne dass Löcher entstehen. Mit dem Fleisch füllen, mit Käse bedecken, nebeneinander in eine feuerfeste Form stellen und bei 200 °C backen, bis der Käse geschmolzen ist. Die Deckel wieder aufsetzen und servieren.

Gefüllte Tomaten

T o m a t e s   R e l l e n o s

8 kleine oder
3 große Tomaten
4 hartgekochte Eier,
abgekühlt und geschält
6 EL Knoblauchmayonnaise
(siehe Rezept Seite 21)
Salz und frisch gemahlener
schwarzer Pfeffer
1 EL gehackte Petersilie
1 EL Semmelbrösel (nur wenn
große Tomaten
verwendet werden)

Zubereitung

Um die Tomaten zu häuten, die Haut kreuzförmig einschneiden. Für 10 Sekunden in kochendes Wasser geben, herausnehmen und unter kaltem Wasser abschrecken. Nun die Haut vorsichtig abziehen.

Die Deckel der Tomaten und so viel vom unteren Fruchtende abschneiden, dass die Tomaten stehen bleiben. Bei Verwendung von kleinen Tomaten die Deckel aufbewahren, die von großen Früchten wegwerfen. Mit einem Teelöffel die Samen und das Fruchtinnere entfernen.

Die Eier mit der Mayonnaise, Salz, Pfeffer und Petersilie zerdrücken und die Tomaten mit dieser Mischung füllen. Bei kleinen Tomaten die Deckel etwas schräg auf die Füllung setzen. Sollen die Tomaten erst zu einem späteren Zeitpunkt serviert werden, mit Olivenöl bestreichen, damit sie nicht austrocknen, und mit Frischhaltefolie abdecken.

Bei großen Tomaten muss die Füllung fest genug sein, um in Scheiben geschnitten werden zu können. Ist die Mayonnaise selbstgemacht, mehr Eigelb verwenden, damit sie fester wird. Bei gekaufter Mayonnaise Semmelbrösel untermischen, bis sie die Konsistenz von Kartoffelpüree bekommt. Die Füllung in die Tomaten geben und festdrücken. Eine Stunde im Kühlschrank fest werden lassen, dann in Ringe schneiden und mit gehackter Petersilie bestreuen.

Tomatensalat mit Oliven

Ensalada de Tomate con Aceitunas

3 große Tomaten
½ mittelgroße rote Zwiebel,
in feine Scheiben
geschnitten
einige schwarze Oliven
Schnittlauch zum Garnieren

Zubereitung

Die Tomaten quer in Scheiben schneiden. Entweder schichtweise mit den Zwiebelscheiben in eine Schüssel geben oder auf einer großen Platte anordnen. Die Oliven über den Salat streuen.

Für die Vinaigrette
8 EL Olivenöl
3 EL Rotweinessig
½ TL gehackter Knoblauch
½ TL Zucker
Salz und frisch gemahlener
schwarzer Pfeffer

Zubereitung der Vinaigrette

In einer verschließbaren Flasche das Olivenöl, den Rotweinessig, Knoblauch und Zucker kräftig schütteln, bis sich die Zutaten gut vermischt haben. Salzen und pfeffern und nochmals durchschütteln. Die Tomaten mit dem Dressing übergießen und mit Schnittlauch-röllchen garnieren.

Soll der Salat erst später gegessen werden, die Vinaigrette erst 20 Minuten vor dem Servieren hinzufügen.

Artischocken mit Tomate und Limonen

Alcachofas con Tomate y Limón

6 Artischocken
Saft einer Zitrone
1 TL Mehl
570 ml kaltes Wasser

Für die Sauce
85 g Butter
1 kleine Zwiebel, fein gehackt
1 TL gehackter Knoblauch
4 Scheiben magerer
Frühstücksspeck oder
geräucherter Schinken,
klein geschnitten
225 g geschälte Tomaten aus
der Dose oder 2 große
frische Tomaten,
gehäutet, entkernt und
gewürfelt
2 EL gehackte Petersilie
Salz und frisch gemahlener
schwarzer Pfeffer
Saft von 2 Zitronen
Die 6 gekochten
Artischockenherzen

Zubereitung

Die Stiele der Artischocken abschneiden und die unteren, kleinen Blätter abzupfen. Mit einem großen Messer den oberen Teil der Artischocken etwa 2½ cm über dem Boden abschneiden.

So auf eine Arbeitsfläche legen, dass die Unterseite nach oben zeigt. Mit einem kleinen Messer sorgfältig die Blätter und alle dunkelgrünen Stellen vom Herzen entfernen. Sofort mit Zitronensaft einreiben und in eine Schüssel mit Zitronenwasser legen, damit sich die Herzen nicht verfärben.

Das Heu in der Mitte mit einem kleinen Löffel oder den Fingern entfernen, es lässt sich leicht lösen. Bleibt etwas Heu zurück, kann es auch noch leicht nach dem Kochen herausgenommen werden.

Das Mehl mit dem Wasser vermischen und mit Salz und Zitronensaft würzen. Durch ein Sieb in einen Topf füllen und unter ständigem Rühren zum Kochen bringen. Die Artischockenherzen zugeben und in ca. 20 Minuten bei kleiner Hitze kochen, bis sie zart sind. Herausnehmen und beiseite stellen.

Zubereitung der Sauce

Die Artischockenherzen schneiden, indem man sie längs halbiert und jede Hälfte in 2 oder 3 Teile schneidet.

Die Butter in einem Topf schmelzen lassen, Zwiebel, Knoblauch und Frühstücksspeck dazu geben und 5 Minuten garen.

Nun die Tomaten und die Petersilie in den Topf geben und zum Kochen bringen. Zitronensaft zugießen, die Artischockenherzen hineinlegen und unter Rühren erhitzen. Abschmecken und, falls die Sauce zu sauer ist, noch eine Prise Zucker zugeben.

Mit knusprigem Brot und Tomatensalat servieren.

Scharf eingelegte Gurken

Conserva de Pepinillos con Picante

2 Gurken
Salz
2 rote Chilischoten oder
1 EL Chiliöl
1 TL gehackter Knoblauch
frisch gemahlener
schwarzer Pfeffer
Weißweinessig
Zucker

Zubereitung

Die Gurken schälen und in dünne Scheiben schneiden. Auf ein Brett legen und mit Salz bestreuen, um die Feuchtigkeit zu entziehen. 2 Stunden ruhen lassen.

Das Salz von den Gurkenscheiben waschen und abtropfen lassen.

Die Chilischoten hacken und die Kerne entfernen. Die Chiliwürfel mit der Gurke und dem Knoblauch mischen und mit frisch gemahlenem schwarzen Pfeffer würzen.

Die Gurken in ein Glas mit Schraubdeckel füllen und mit Weißweinessig auffüllen. Zucker zugeben, um die Säure zu reduzieren, gut umrühren und das Glas verschließen. Mindestens einen Tag marinieren.

Gurke mit Minze und Chili

Pepinillos con Picante y Menta

1 Gurke
1 große Tomate
½ TL gehackter Knoblauch
1 Bund frische Minze,
gehackt
1 kleiner Becher Joghurt
1 kleiner Becher Sauerrahm
1 TL gemahlener
Kreuzkümmel
2 rote Chilischoten, entkernt
und fein gehackt
Salz und frisch gemahlener
schwarzer Pfeffer

Zubereitung

Die Gurke in kleine Streifen raspeln, mit Salz bestreuen und in einem Sieb beiseite stellen.

Die Tomate 10 Sekunden in kochendes Wasser tauchen, herausnehmen und sofort unter kaltem Wasser abschrecken. Die Haut abziehen, das Fruchtfleisch in kleine Würfel schneiden und die Samen entfernen.

Die Gurkenraspeln abwaschen, abtropfen lassen und die restliche Feuchtigkeit herauspressen.

Alle Zutaten in einer Schüssel mischen, würzen und gekühlt servieren.

Grüne Bohnen

T a p a   d e   J u d í a s   V e r d e s

450 g grüne Bohnen, geputzt
50 g Butter
4 EL Olivenöl
½ mittelgroße Zwiebel,
fein gehackt
Salz und frisch gemahlener
schwarzer Pfeffer
300 ml Hühnerbrühe
1 EL gehackter Knoblauch

Zubereitung

Die Bohnen in gesalzenem Wasser 6–8 Minuten
kochen. Sie sollten noch fest, aber nicht mehr roh sein.
Gut abtropfen lassen.

Die Butter in einem Topf schmelzen lassen, das Olivenöl
zugeben und erhitzen. Die Zwiebel darin 3–4 Minuten
sanft schmoren. Die Bohnen hineingeben, salzen und
pfeffern und vermischen. Hühnerbrühe und Knoblauch
zugeben, den Deckel schließen und ca. 10 Minuten
kochen, bis die Bohnen zart sind.
Abschmecken und heiß servieren.

Gefüllte Zucchini

Calabacín Estofado

| 6 kleine Zucchini |
| ½ mittelgroße Zwiebel, fein gehackt |
| 1 EL Olivenöl |
| 200 g Lammhackfleisch |
| 3 Scheiben Frühstücksspeck, kleingeschnitten |
| Salz und frisch gemahlener schwarzer Pfeffer |
| 1 TL Tomatenpüree |
| ½ TL Zucker |
| 1 TL gehackter Knoblauch |
| 1 Tomate, gehäutet und gewürfelt |
| ½ kleiner Becher Joghurt |
| 12 Minzeblätter, klein geschnitten |
| 30 g geriebener Parmesan |
| gehackte Minze zum Garnieren |

Zubereitung

Die Enden der Zucchini abschneiden und wegwerfen. Die Zucchini in gesalzenem Wasser 5 Minuten kochen. Längs halbieren und mit einem Teelöffel die Samen in der Mitte herauskratzen.

Die Zwiebeln in Öl glasig dünsten. Das Lammhackfleisch, Frühstücksspeck, Salz und Pfeffer zu den Zwiebeln geben und umrühren. Tomatenpüree, Zucker und Knoblauch hinzufügen und 15 Minuten kochen lassen, bis das Fleisch gar ist.

Die Tomatenwürfel, Joghurt und Minze unterrühren und die Mischung in die ausgehöhlten Zucchinihälften verteilen.

Mit Parmesan und schwarzem Pfeffer bestreuen und bei 200 °C backen, bis der Käse schmilzt. Mit den restlichen Minzeblättchen dekorieren und servieren.

Dill-Zucchini

C a l a b a c i n e s   a   l a s   H i e r b a s

4 EL Olivenöl
30 g Butter
1 Zwiebel, gehackt
1 TL gehackter Knoblauch
450 g Zucchini, Enden
entfernt und in dicke
Scheiben geschnitten
½ TL frisch gemahlener
schwarzer Pfeffer
2 TL Paprikapulver
1 EL Dill, fein gehackt
(ohne Stiele)
Salz zum Abschmecken

Zubereitung

Das Öl mit der Butter in einem großen Topf erhitzen. Zwiebel und Knoblauch sanft andünsten, bis sie weich sind. Hitze erhöhen, Zucchinischeiben und schwarzen Pfeffer zugeben und verrühren.

5–10 Minuten dünsten, dabei die Zucchinischeiben öfter wenden, damit sie gleichmäßig gar werden.

Sobald sich die Scheiben dunkel färben, Paprika und Dill untermischen. Abschmecken und servieren.

Röstkartoffel in scharf-süßer Sauce

Patatas Bravas

1 Zwiebel, gehackt
2 EL Olivenöl
1 Lorbeerblatt
2 rote Chilischoten
2 TL gehackter Knoblauch
1 EL Tomatenpüree
½–1 TL Zucker
(nach Geschmack)
1 EL Sojasauce
450 g geschälte Tomaten
aus der Dose, gewürfelt
150 ml Weißwein
Salz und frisch gemahlener
schwarzer Pfeffer
8 mittelgroße Kartoffeln
50 g Butter

Zubereitung

Die Zwiebeln zusammen mit dem Lorbeerblatt in Öl sanft anbraten. Wenn sie weich sind, Chili, Knoblauch, Tomatenpüree, Zucker und Sojasauce dazu geben und 5 Minuten bei schwacher Hitze köcheln lassen.

Den Wein und die Tomatenwürfel zugeben und zum Kochen bringen. 10 Minuten köcheln lassen und abschmecken. Die Sauce sollte leicht süßlich sein, ohne dass der Geschmack der Tomaten dominiert.

Zubereitung der Kartoffeln

Die Kartoffeln klein schneiden.

Ein Backblech einfetten, die Kartoffeln darauf geben, gut würzen und mit der geschmolzenen Butter beträufeln. Im vorgeheizten Ofen auf 230 °C backen, bis die Kartoffeln goldgelb sind.

Die Tomatensauce über die Röstkartoffeln geben und servieren.

Knoblauchkartoffeln

Patatas al Alioli

8 mittelgroße Kartoffeln
2 Eigelb
1 TL gehackter Knoblauch
2 TL Essig
1 Messerspitze
gemahlene Senfkörner
Salz und frisch gemahlener
schwarzer Pfeffer
340 ml Olivenöl
ca. 2 EL kochendes Wasser

Zubereitung

Die Kartoffeln wie im Rezept Röstkartoffeln mit süß-scharfer Sauce zubereiten (siehe oben).

Eigelb, Knoblauch, Essig, Senf und Gewürze zusammen mixen. In einem dünnen Strahl langsam das Olivenöl hineinrinnen lassen, den Mixer dabei weiter laufen lassen. Etwas kochendes Wasser unterrühren und das Dressing über die Kartoffeln gießen. Gut mischen und servieren.

Aufgewärmte Bohnen

Habitas Refritas

450 g rote Bohnen
aus der Dose
1 rote Chilischote, entkernt
und klein gewürfelt
1 mittelgroße Zwiebel,
fein gehackt
2 TL gehackter Knoblauch
1 TL Paprikapulver
Salz und frisch gemahlener
schwarzer Pfeffer
1 l Wasser
6 Scheiben Frühstücksspeck,
55 g Butter
Petersilie zum Garnieren

Zubereitung

Die ersten 7 Zutaten in einen Topf geben, zum Kochen
bringen und 40 Minuten köcheln lassen.

Ein Viertel des Topfinhalts in den Mixer geben und
pürieren. Das entstandene Püree wieder unter die
ganzen Bohnen mischen.

Den Frühstücksspeck klein schneiden und für
10 Minuten in kochendes Wasser legen, um ihm das
Salz zu entziehen. Herausheben und abtropfen lassen.

In einem Topf die Butter erhitzen und den Speck darin
anbraten. Nach und nach die Bohnen zugeben und mit
einem Löffelrücken zerdrücken. Gut würzen.

Abschmecken, mit Petersilie bestreuen und servieren. Je
öfter man die Bohnen aufwärmt, desto besser
schmecken sie.

Gefüllter Wirsing

Repollo Estofado

1 großer Wirsing oder
450 g Mangold oder
Spinat
1 TL Paprikapulver
Salz und frisch gemahlener
schwarzer Pfeffer
½ EL Petersilie, gehackt
450 g Lammhackfleisch
50 g Butter
1 Zwiebel, fein gehackt
1 TL gehackter Knoblauch
1 rote Chilischote, entkernt
und gehackt
1 TL Tomatenpüree
250 ml Tomatensaft
1 TL Sojasauce
250 ml Hühnerfond
85 g Champignons,
fein gewürfelt
150 g gesalzene Erdnüsse,
gehackt
Hühnerfond zum Pochieren

Zubereitung

Die äußeren Wirsingblätter entfernen. Vorsichtig die großen, unbeschädigten Blätter vom Strunk schneiden und die dicken, holzigen Enden entfernen. Die Blätter in kochendem Salzwasser 5 Minuten weich dünsten.

Herausheben und in eine Schüssel mit kalten Wasser legen. Wenn die Blätter abgekühlt sind, vorsichtig herausnehmen, auf ein Geschirrtuch oder Küchenpapier legen, mit einem zweiten Tuch abdecken und trocken tupfen. So anordnen, dass das Blattinnere nach oben zeigt.

Zubereitung der Füllung

In einer großen Schüssel Paprikapulver, Salz, Pfeffer und Petersilie unter das Lammhackfleisch mischen.

Butter in einem Topf schmelzen, die Zwiebeln hineingeben und glasig dünsten. Das Fleisch, Knoblauch, Chili und Tomatenpüree zugeben, mit dem Tomatensaft, Sojasauce und Hühnerfond aufgießen und umrühren. Zuletzt die Champignons und Erdnüsse in den Topf geben.

Bei geringer Hitze 30 Minuten kochen, dabei gelegentlich umrühren. Abschmecken und von der Kochstelle nehmen.

Wenn die Fleischmischung abgekühlt ist, mit einem Löffel kleine Häufchen auf die Mitte der Blätter geben, die Seiten nach innen einschlagen, so dass ein kleines Päckchen entsteht. Mit der gefalteten Seite nach unten in eine gefettete feuerfeste Form legen.

Ist die Form mit den Päckchen gefüllt, so viel Hühnerfond darüber gießen, bis sie zur Hälfte damit bedeckt sind. Die Form mit Alufolie abdecken, mit der Gabel Löcher hineinstechen, damit der Dampf entweichen kann und bei 200 °C 20 Minuten pochieren.

Die Folie abnehmen, die gefüllten Wirsingblätter vorsichtig mit einem großen Löffel herausheben und mit etwas Kochflüssigkeit begießen.

Andere Seite: **Gefüllte Kohlblätter**

Maiskolben mit Knoblauchbutter

Mazorca con Mantequilla de Ajo

4 frische Maiskolben
Knoblauchbutter
(siehe Rezept Seite 40)
Salz und frisch gemahlener
schwarzer Pfeffer

Zubereitung

Die äußeren grünen Blätter von den Maiskolben
entfernen. In einem großen Topf Wasser mit Salz und
einen Schuss Olivenöl zum Kochen bringen. Die Maiskolben hineingeben und 20 Minuten kochen.

Die Kolben aus dem Wasser nehmen und abtropfen
lassen. Mit der Knoblauchbutter bestreichen, salzen
und pfeffern und heiß servieren.

Huevos y Quesos

Eier und Käse

Ziegenkäse in Estragon-Knoblauch-Marinade

Queso de Cabra con Ajo y Estragón

Ziegenkäse

Für die Marinade
1 l Olivenöl
1 EL Weißweinessig
1 Bund Estragon,
mit den Stielen gehackt
1 Knolle Knoblauch
Schwarze Pfefferkörner

Zubereitung

Wenn möglich, für dieses Rezept original Manchego-Käse verwenden (siehe Anmerkung Seite 18), es schmeckt aber auch sehr gut mit einem milden, sahnigen Ziegenkäse.

Die Rinde abschneiden und den Käse in mundgerechte Stücke schneiden.

Die Zutaten für die Marinade gut mischen. Den Käse in ein Glas oder eine Porzellanschüssel geben, mit der Marinade bedecken und abgedeckt mindestens 4 Tage an einem kühlen Ort durchziehen lassen.

Manchego mit Chili

Quejo Manchego con Salsa Picante

6 rote Chilischoten,
entkernt und fein gehackt
250 ml Olivenöl
Salz und frisch gemahlener
schwarzer Pfeffer
250 g Manchego-Käse
(siehe Anmerkung
Seite 18)
Limonenschnitten
zum Servieren

Zubereitung

Die Chiliwürfel mit dem Olivenöl im Mixer pürieren und kräftig salzen und pfeffern.

Den Käse in kleine Würfel schneiden.

Das Öl über den Käse gießen und mindestens 2 Stunden marinieren. Mit Cocktailspießchen und Limonenschnitten servieren.

Spanisches Omelette

Tortilla Española

Grundrezept für 1 Omelette
3 Kartoffeln (oder die gleiche Menge Kartoffeln und Zwiebeln gemischt)
3 EL Olivenöl
1 Zwiebel, gehackt oder in Scheiben geschnitten
Salz und frisch gemahlener schwarzer Pfeffer
3 Eier
Schnittlauch zum Garnieren

Zubereitung

Die Kartoffeln waschen (Sie können die Kartoffeln mit oder ohne Schale zubereiten, in der spanischen Küche werden die Kartoffel immer geschält). In sehr dünne Scheiben schneiden und in einen Topf mit kaltem, gesalzenen Wasser geben. Aufkochen und nach 5 Minuten herausheben.
Die Kartoffeln können für dieses Gericht aber auch angebraten werden.

Das Öl in einem Topf erhitzen, die Zwiebelwürfel hineingeben und unter Rühren anbraten. Die Kartoffelscheiben zugeben und umrühren, dabei leicht salzen und pfeffern.

In einer Schüssel die Eier verquirlen und gut würzen.

Die Hitze reduzieren und die Kartoffeln braten, bis sie goldbraun sind. In die Schüssel mit dem verquirlten Ei geben und gut vermischen. Eine Pfanne auf die Herdplatte stellen, heiß werden lassen, die Ei-Kartoffelmischung hineingeben und 2 Minuten braten, dann wenden. Hierfür entweder das Omelette in eine zweite, geölte Pfanne gleiten lassen, diese über die erste Pfanne halten, schwungvoll umdrehen, so dass das Omelette mit der rohen Seite nach unten in der erste Pfanne liegt, oder mit einem Holzspachtel das Omelette anheben, schnell umdrehen und wieder in die Pfanne geben. 1 Minute auf der zweiten Seite braten.

Etwas abkühlen lassen, mit Schnittlauchröllchen bestreuen und zum Servieren in Scheiben schneiden.

Hinweis: Der Omelette-Teig kann mit den verschiedensten Zutaten verfeinert werden, so zum Beispiel mit grüner Paprikaschote (dünn geschnitten und unter die Zwiebeln gemischt), Champignons, gekochtem Schinken oder Käse. Der Fantasie sind hier keine Grenzen gesetzt.

Gegenüberliegende Seite: **Spanisches Omelette**

Gebackenes Ei-Knoblauch-Brot

Pan Frito con Ajo y Huevo

3 Eier
ein paar Tropfen
warmes Wasser
2 TL gehackter Knoblauch
Salz und frisch gemahlener
schwarzer Pfeffer
3 EL Olivenöl
6 Scheiben Weißbrot

Zubereitung

In einer Schüssel die Eier mit ein paar Tropfen warmem Wasser verquirlen. Den gehackten Knoblauch zugeben, kräftig würzen und gut verrühren.

Das Öl in einer großen Pfanne erhitzen, die Brotscheiben in dem verrührten Ei wenden und in das heiße Öl legen. Auf beiden Seiten braten, bis die Scheiben goldbraun sind.

Tipp: Das Öl muss heiß sein, wenn man die Brotscheiben hineinlegt, so dass das Ei sofort fest wird. Die Scheiben schnell wenden, damit der Knoblauch nicht anbrennt und bitter wird.

Paella-Kroketten

Croquetas de Paella

450 g Rundkornreis
1 mittelgroße Zwiebel,
grob gehackt
1 Lorbeerblatt
1 TL gehackter Knoblauch
1 Brühwürfel (vorzugsweise
Hühnerbrühe)
1 EL Olivenöl
2 TL Kurkuma
doppelt so viel Wasser wie
Reis (ideal ist gute
Hühnerbrühe statt
Wasser)
280 g Chorizo-Wurst und
geräucherter Schinken,
zu gleichen Teilen
gemischt (bei diesem
Rezept können auch alle
würzigen Salamisorten
oder gekochtes Fleisch
verwendet werden)
mit Salz und Pfeffer
gewürztes Mehl
2 Eier, mit etwas
Milch verquirlt
Semmelbrösel
Öl zum Braten
Petersilie zum Garnieren

Zubereitung

Den Reis zusammen mit der Zwiebel, dem Lorbeerblatt, Knoblauch, dem Brühwürfel, Olivenöl und Kurkuma in einen Topf geben und das heiße Wasser darüber gießen.

Zum Kochen bringen, dann die Hitze reduzieren und ca. 15 Minuten köcheln lassen, bis der Reis weich ist und die gesamte Flüssigkeit aufgenommen hat. Von der Herdplatte nehmen und abkühlen lassen.

Wurst und Schinken im Mixer zerkleinern und unter den Reis rühren. Die Mischung sollte nur leicht feucht sein, so dass man gut Kugeln daraus formen kann. Ist sie zu flüssig, etwas Mehl oder Semmelbrösel unterarbeiten.

Aus der Reismischung gleichmäßig große Kugel formen und vorsichtig im gewürzten Mehl wenden.

Dann in dem verquirlten Ei und in den Semmelbröseln wenden, bis die Kugeln völlig mit der Panade umhüllt sind. Entweder sofort frittieren oder im Kühlschrank bis zu einem Tag aufbewahren.

Die Kroketten in heißem Öl (185 °C) frittieren, bis sie knusprig und goldgelb sind. Mit gehackter Petersilie bestreuen und heiß servieren.

Tipp: Frittierte, abgekühlte Kroketten können auch gut in der Mikrowelle aufgewärmt werden.

Geflügel Tapas

Aves

Hühnchen in Backteig mit Honig und Senf

Pollo Rebozado con Miel y Mostaza

*3 Hühnerbrustfilets,
in 2-3 cm große Würfel
geschnitten
Salz und frisch gemahlener
schwarzer Pfeffer
2 Eier
Mehl
4 EL Olivenöl
8 EL flüssiger Honig
1 TL Dijonsenf
1 TL Sojasauce*

Zubereitung

Die Hühnerstücke in eine Schüssel geben und würzen.
Die Eier über der Schüssel aufschlagen und alles gut
mit den Händen vermischen.

Mehl unterrühren, bis die Fleischstücke mit einer
Schicht überzogen sind. Diese Mehl-Ei-Mischung auf
den Hühnerwürfeln sollte dickflüssig sein, so dass sie
gerade nicht mehr tropft.

In einem Topf das Öl erhitzen und die Hühnerstücke
darin unter Rühren in etwa 15 Minuten goldgelb
braten. Von der Kochstelle nehmen und mit Salz und
Pfeffer würzen.

Den Honig mit dem Senf und der Sojasauce verrühren.
Die Honigmischung über das Huhn geben und sofort
servieren.

Spanische Hühnerpastete

Empanada de Pollo

Pastetenteig
(siehe Rezept Seite 24)

Für die Füllung
4 EL Olivenöl
1 Zwiebel, gehackt
200 g Frühstücksspeck, gewürfelt
3 TL gehackter Knoblauch
1 grüne Paprikaschote, entkernt und in Streifen geschnitten
2 Chilischoten, entkernt und gehackt
1 TL Paprikapulver
100 g Champignonköpfe, in Scheiben geschnitten
100 g Rosinen (je nach Geschmack)
2 TL gehackte Petersilie
2 TL Sojasauce
160 ml trockener Weißwein
250 ml Hühnerfond
30 g Butter
900 g Hühnerfleisch, entbeint und gewürfelt

Zubereitung

Das Öl erhitzen und Zwiebeln und Frühstücksspeck darin sanft andünsten.

Den Knoblauch, Pfeffer, Chilis, Paprikapulver, Champignons und – falls verwendet – Rosinen zu den Zwiebeln geben. Mit dem Wein und dem Fond aufgießen, umrühren und 20 Minuten köcheln lassen.

Den Topf von der Kochstelle nehmen.

Eine große Paellaschale (für 2 Personen) einfetten und mit der Hälfte des Pastetenteigs auslegen. Die Füllung auf dem Teig verteilen; die Pastete geht beim Backen auf, so dass sie die Schale ausfüllen wird. Die Füllung mit Tomatenscheiben belegen und leicht salzen.

Den restlichen Teig ausrollen, auf die Füllung legen und die Enden gut andrücken. Mit Eigelb bestreichen, nach Geschmack dekorieren und 10 Minuten ruhen lassen.

Den Ofen auf 200 °C vorheizen und die Pastete 30 Minuten backen. Abkühlen lassen und zum Servieren in Stücke schneiden.

Tipp: Um für jeden Gast eine eigene kleine Pastete zu backen, werden aus dem ausgerollten Teig Kreise von 15 cm Durchmesser geschnitten. Auf die Hälfte der Kreise etwas Füllung geben, mit einer zweiten Teigscheibe abdecken und die Ränder gut andrücken.

Hühnerleber mit Sherryessig

Higaditos de Pollo con Vinagre de Jerez

450 g Hühnerleber
1 TL Paprikapulver
1 TL gehackter Knoblauch
je ½ TL Salz und
frisch gemahlener
schwarzer Pfeffer
100 g Butter
½ Zwiebel, fein gehackt
4 EL Sherryessig
1 TL Zucker
300 ml Hühnerfond

Zubereitung

In einer Schüssel das Paprikapulver, Salz und Pfeffer
mischen. Die Hühnerlebern sorgfältig waschen und mit
der Würzmischung bedecken.

Die Hälfte der Butter in einem großen Topf erhitzen.
Unter ständigem Rühren bei großer Hitze die Lebern
in der Butter anbraten, bis sie gar und rundherum
gut gebräunt sind. Herausnehmen und in einer vor-
gewärmten Schüssel beiseite stellen.

Nun die Zwiebeln in den Topf geben und anschwitzen.
Die Hitze erhöhen, Essig und Zucker zugeben und
kochen, bis der Essig fast vollständig verdampft ist.
Mit dem Fond aufgießen, umrühren und einkochen,
bis die Sauce um die Hälfte reduziert ist.

Die restliche Butter in Flöckchen in die Sauce geben
und rühren, bis sie geschmolzen ist. Abschmecken und
über die Hühnerlebern gießen. In einer großen Schüssel
oder portionsweise in Schälchen servieren.

Huhn in Knoblauchsauce

Pollo al Ajillo

900 g Hühnerflügel oder
3 Hühnerbrustfilets
mit Salz und Pfeffer
gewürztes Mehl
4 EL Olivenöl
4 EL Butter
5–6 EL Weißwein
4 EL Hühnerfond
3 TL gehackter Knoblauch
1 EL gehackte Petersilie
1 großer EL Sherry
1 großer EL Weinbrand
Salz und frisch gemahlener
schwarzer Pfeffer
Petersilie zum Garnieren

Zubereitung

Das Hühnerfleisch in kleine Stücke zerteilen und in dem gewürzten Mehl wenden, bis sie damit bedeckt sind.

In einem Topf das Öl mit der Butter erhitzen. Die Hühnerstücke hineingeben und braten, bis sie golden sind, dabei häufig wenden, damit alle Seiten gleichmäßig bräunen.

Den Wein, Hühnerfond, Knoblauch und Petersilie zugeben und köcheln lassen, bis die Flüssigkeit um die Hälfte reduziert ist. Umrühren und den Sherry und den Weinbrand zugießen.

Mit Salz und Pfeffer abschmecken und mit der Petersilie garniert servieren.

Hühnchen mit Muscheln und Speck

Pollo con Bacon y Mejillones

4 EL Olivenöl
1 Zwiebel, gehackt
6 Scheiben Frühstücksspeck, in Streifen geschnitten
3 Hühnerbrustfilets, in Würfel geschnitten und in gewürztem Mehl gewendet
150 ml trockener Weißwein
350 g Champignons, in feine Scheiben geschnitten
2 TL gehackter Knoblauch
500 ml Fischfond
900 g geputzte Miesmuscheln
Salz und frisch gemahlener schwarzer Pfeffer
2 EL gehackte Petersilie

Zubereitung

In einem Topf das Öl erhitzen und die Zwiebeln darin glasig dünsten.

Die Hitze erhöhen, den Speck und die Hühnerstücke hineingeben und vermischen.

In einem zweiten Topf den Weißwein mit den Champignons und Knoblauch erhitzen und um die Hälfte reduzieren. Dann über die Hühnerteile gießen.

Den Fischfond zugießen und zum Kochen bringen.

Die Muscheln in den Topf geben, den Deckel auflegen und schütteln. Kochen, bis alle Muscheln geöffnet sind. Abschmecken, in vorgewärmte Schüsseln verteilen und mit Petersilie garniert servieren.

Carnes

Fleisch Tapas

Lamm mit Aprikosensauce

Cordero con Salsa de Albaricoque

700 g Lammfilet
Salz und frisch gemahlener
schwarzer Pfeffer
Öl oder Butter zum Braten

Für die Sauce
4 EL Pflanzenöl
50 g Butter
1 TL gehackter Knoblauch
170 g Aprikosen
aus dem Glas, püriert
70 g Erdnussbutter
Saft einer Zitrone
Salz und frisch gemahlener
schwarzer Pfeffer
Petersilie zum Garnieren

Zubereitung

Das Lammfleisch in ca. 2 cm große Würfel schneiden
und würzen. Nebeneinander auf ein Backblech legen
und grillen oder in heißem Öl oder Butter anbraten, bis
das Fleisch zart ist (ca. 5 Minuten).

Zubereitung der Sauce

Das Öl zusammen mit der Butter erhitzen und den
Knoblauch hineingeben. Die pürierten Aprikosen und
die Erdnussbutter unterrühren.

Nur kurz erwärmen, mit dem Zitronensaft, Salz und
Pfeffer abschmecken und zusammen mit dem Lammfleisch auf Tellern anrichten. Mit Petersilie bestreuen
und servieren.

Marinierte Lammkoteletts

C h u l e t a s   d e   C o r d e r o   M a r i n a d a s

6 Lammkoteletts

Für die Marinade
2 TL Paprikapulver
1 TL gemahlener Kreuzkümmel
1 TL Kurkuma
1 rote Chilischote, gehackt
1 EL gehackte frische Minze
4 EL Olivenöl

Zubereitung

Die Zutaten für die Marinade verrühren und die Koteletts damit bestreichen.

Im Kühlschrank mindestens 1 Stunde marinieren.

Bei 200 °C braten, bis das Fleisch gar ist (etwa 20–25 Minuten) oder auf jeder Seite 6 Minuten grillen. Diese Koteletts schmecken auch ohne Sauce sehr lecker, der folgende Sauerrahm-Dip passt aber auch wunderbar dazu:

> 250 ml Sauerrahm
> 60 g getrocknete Aprikosen, fein gehackt
> frisch gemahlener schwarzer Pfeffer

Die drei Zutaten im Mixer oder in einer Schüssel gut verrühren und zu den Lammkoteletts reichen.

Fleischbällchen mit Knoblauch und Tomate

Albondigas con Ajo y Tomate

900 g Lammhackfleisch
50 g Semmelbrösel
Salz und frisch gemahlener schwarzer Pfeffer
2 TL gehackter Knoblauch
½ TL gemahlene Muskatnuss
2 Eier
1 gehäufter EL mit Salz und Pfeffer gewürztes Mehl
4 EL Olivenöl
1 große Zwiebel, gehackt
1 grüne Paprikaschote, in Streifen geschnitten
230 g gehackte Tomaten aus der Dose oder
2 große frische Tomaten, gehäutet und gewürfelt
1 EL Tomatenpüree
160 ml trockener Rotwein
170 ml Hühnerfond
1 EL gehackte Petersilie

Zubereitung

In einer großen Schüssel das Hackfleisch mit den Semmelbröseln vermischen und kräftig würzen. 1 TL gehackten Knoblauch, Muskatnuss und die Eier zugeben und vermischen. Aus der Fleischmasse kleine Kugeln formen und im gewürzten Mehl wenden.

Das Öl in einem großen Topf erhitzen und die Zwiebeln und Paprikastreifen darin weich dünsten. Die Fleischbällchen zugeben und braun braten, dabei häufig umrühren. Den restlichen Knoblauch, Tomaten, Tomatenpüree, Wein und Fond zugeben, den Deckel schließen und 40 Minuten kochen.

Abschmecken, die Petersilie unterrühren und servieren. Ist die Sauce etwas zu sauer, mit ein wenig Zucker abmildern.

Tipp: Dieses Gericht kann gut vorgekocht und wieder aufgewärmt werden.

Spanischer Schinken

Jamón Serrano

350 g Serranoschinken
(evtl. Parmaschinken),
dünn geschnitten
und aufgerollt
650 g gefüllte Oliven
Zitronenschnitten
zum Servieren

Zubereitung

Jamón Serrano wird in hauchdünne Scheiben geschnitten und schmeckt köstlich mit Melone.

Auf kleine Cocktailspieße oder Zahnstocher je ein Schinkenröllchen und eine Olive stecken. Mit den Zitronenschnitten servieren.

Spanischer Schinken mit Tomate und Knoblauchtoast

Pan con Tomate y Ajo y Jamón Serrano

6 Scheiben Knoblauchbrot
(siehe Rezept Seite 40)
2 große Tomaten,
in Scheiben geschnitten
und mit Vinaigrette
bestrichen
(siehe Rezept Seite 45)
230 g Serranoschinken oder
Parmaschinken in
dünnen Scheiben
1 rote Zwiebel, in dünne
Scheiben geschnitten
140 g gefüllte Oliven,
gehackt

Zubereitung

Das Knoblauchbrot zubereiten und im heißen Ofen backen, bis die Ränder knusprig sind.

Auf jede Brotscheibe eine Tomatenscheibe und eine Scheibe Schinken legen. Hierauf mit einem Löffel etwas von den gehackten Zwiebeln und Oliven geben.

Gebackene Chorizo

Chorizos Horneados

Zubereitung

Chorizo ist eine feinwürzige Paprikawurst, die in etlichen Feinkostgeschäften erhältlich ist.

Die Wurst in Scheiben schneiden und bei 240 °C etwa 10 Minuten backen, bis die Ränder beginnen, knusprig zu werden. Mit viel frischem Weißbrot servieren.

Schweinefleisch in Orangensauce

Cerdo a la Naranja

50 g Butter oder 4 EL Olivenöl
1 kleine Zwiebel, fein gehackt
700 g Schweinefilet,
in ca. 2 cm große Würfel
geschnitten
abgeriebene Schale von
2 unbehandelten
Orangen
Saft von 3 Orangen
170 ml Hühnerfond
2 grüne Chilischoten, gehackt
oder 2 TL Chilipaste
1 TL gehackter Knoblauch
1 EL Koriander oder
Petersilie, gehackt
2 TL Maismehl
1 EL kaltes Wasser
Salz und frisch gemahlener
schwarzer Pfeffer
Petersilie zum Garnieren

Zubereitung

In einem großen Topf die Butter oder das Öl erhitzen und die Zwiebeln darin sautieren, bis sie goldgelb und zart sind. Herausnehmen und beiseite stellen.

Die Fleischwürfel in den Topf geben und unter Rühren anbraten, bis sie von allen Seiten gebräunt sind.

Die Orangenschale, Orangensaft, Fond, Chili, Knoblauch und Koriander oder Petersilie mischen und über das Fleisch gießen. Zum Kochen bringen und die Zwiebeln hinzufügen. 10 Minuten köcheln lassen und die Fleischwürfel in eine vorgewärmte Schüssel füllen.

Um die Sauce einzudicken, das Maismehl mit dem Wasser vermischen und unter die Sauce rühren. Abschmecken, über das Fleisch geben, mit Petersilie bestreuen und servieren.

Speck-Gemüse-Suppe

Caldo Gallego

50 g Butter
1 Zwiebel, gehackt
450 g Frühstücksspeck oder
gekochter Schinken
½ TL gehackter Knoblauch
2 l Brühe oder Wasser
700 g Kartoffeln, geschält
und klein gewürfelt
1 kleiner, fester Wirsing,
fein geschnitten
frisch gemahlener
schwarzer Pfeffer
Knuspriges Weißbrot
zum Servieren

Zubereitung

In einem großen Topf die Butter schmelzen und die Zwiebel darin glasig dünsten, dann den Speck oder Schinken unterrühren.

Die Brühe oder das Wasser in den Topf gießen, die Kartoffel hineingeben und bei geschlossenem Deckel 15 Minuten kochen. Den Wirsing zugeben und weitere 5 Minuten kochen lassen.

Mit frisch gemahlenem schwarzen Pfeffer würzen. Die Suppe sollte relativ dickflüssig sein, ist sie zu dünn, die Hälfte des Gemüses herausheben, pürieren und wieder zur Suppe geben.

Abschmecken und in kleinen Schalen mit Weißbrot servieren.

Nieren in Sherrysauce

Riñones en Salsa de Jerez

700 g Lamm- oder
Kalbsnieren
170 ml Olivenöl
2 TL gehackter Knoblauch
1 TL Paprikapulver
2 Zwiebeln, gehackt
8 EL Sherry
290 ml Hühnerfond
Salz und frisch gemahlener
schwarzer Pfeffer
4 EL gehackte Petersilie
3 Scheiben Weißbrot

Zubereitung

Die Nieren parieren und das Fett entfernen. Mit einem scharfen Messer in dünne Scheiben schneiden.

Die Nieren in kochendem Wasser 1 Minute blanchieren, damit sie die Bitterstoffe verlieren.

Das Öl erhitzen und die Hälfte der Nieren zusammen mit 1 TL Knoblauch und ½ TL Paprikapulver hineingeben. Braten, bis die Nieren gar sind, dabei ständig rühren, damit der Knoblauch nicht verbrennt. Diese Mischung in einem Mixer pürieren und beiseite stellen.

Im selben Topf die Zwiebeln weich schmoren. Die restlichen Nieren mit 1 TL Knoblauch, ½ TL Paprikapulver, dem Sherry und dem Fond zugeben und zum Kochen bringen.

Die Hitze reduzieren, die pürierten Nieren zufügen, umrühren und ca. 5 Minuten kochen, bis alle Nieren gar sind. Würzen, mit Petersilie bestreuen und mit Weißbrot servieren.

Gebratenes Lamm mit Zitronensaft

Cordero Frito con Limón

800 g mageres, zartes Lammfleisch, in Streifen geschnitten
Salz und frisch gemahlener schwarzer Pfeffer
2 EL Olivenöl
1 Zwiebel, gehackt
2 Knoblauchzehen, fein gehackt
2 TL Paprikapulver
230 ml Brühe oder Wasser
Saft einer Zitrone
2 EL gehackte Petersilie

Zubereitung

Das Lammfleisch mit Salz und Pfeffer würzen. In einem Topf das Öl stark erhitzen und unter ständigem Rühren eine Hand voll Fleischstreifen mit Zwiebeln und ein wenig Knoblauch zugeben. Sobald sie leicht angebraten sind, die nächste Portion Fleisch und Knoblauch unterrühren. So fortfahren, bis das ganze Fleisch im Topf ist. Falls nötig, zwischendurch noch etwas Öl zugießen.

Wenn die Fleischstreifen angebraten sind, das Paprikapulver darüber streuen und mit der Brühe oder dem Wasser aufgießen. Bei mittlerer Hitze kochen, bis fast die ganze Flüssigkeit verdampft ist.

Zitronensaft und Petersilie zugeben, den Deckel auflegen und noch 5 Minuten köcheln lassen. Abschmecken und servieren.

Würzige Maurische Spießchen

Pinchitos Morunos

2 Knoblauchzehen,
fein gehackt
2 TL Salz
1 TL mildes Currypulver
½ TL Koriandersamen
1 TL Paprikapulver
½ TL getrockneter Thymian
Frisch gemahlener
schwarzer Pfeffer
3 EL Olivenöl
1 EL Zitronensaft
Limonenschnitten
zum Servieren
450 g mageres
Schweinefleisch,
gewürfelt

Zubereitung

In einem Mörser oder auf der Arbeitsfläche mit der flachen Klinge eines schweren Messers den Knoblauch mit dem Salz zerdrücken.

Das Currypulver, Koriandersamen, Paprikapulver, Thymian, Pfeffer, Olivenöl und Zitronensaft mit dem Knoblauch vermischen und beiseite stellen.

Das Fleisch von überflüssigem Fett befreien und in mundgerechte Stücke schneiden. Je 3 bis 4 Fleischwürfel auf einen Holzspieß stecken und in einem flachen Teller in der Marinade wenden, bis sie vollkommen damit bedeckt sind. Einige Stunden marinieren lassen. Je länger man die Spieße durchziehen lässt, desto besser schmecken sie.

Die Spieße entweder nebeneinander auf einem Backblech unter dem Grill oder über glühenden Holzkohlen von jeder Seite 3 Minuten grillen, bis das Fleisch gar und gut gebräunt ist.

Heiß mit den Limonenschnitten servieren.

Hinweis: Einst brachten die Araber die ersten Fleischspieße von Nordafrika nach Europa. Sie wurden überall in Spanien als Tapas gegessen. Heutzutage werden sie allerdings nicht mehr aus Lamm, sondern aus Schweinefleisch zubereitet. In Südspanien kann man bereits fertige Gewürzmischungen für dieses Gericht kaufen. Das Currypulver in diesem Rezept enthält auch Kreuzkümmel und andere Gewürze, die üblicherweise in Spanien verwendet werden.